腦科學
×
心理學的自我肯定法

處理隱形創傷，能接受別人的付出，開始喜歡自己

彌永英晃 ———— 著

蔡昭儀 ———— 著

「脳科学×心理学」で自己肯定感を高める方法

給正在煩惱的你

不必勉強傾訴，
我會靜靜配合你的步調。
陪在你身邊。
我會以溫柔的眼神與誠懇的態度守護你。
不必急著吐出積在內心深處的苦水。
沒有任何逼迫，你是自由的。
當你終於鼓起勇氣訴說，
我便默默傾聽。
肯定你說的每一句話。
隨時當你心靈的安全基地。
我完全接納你的過去。

即使你只會否定自我也不要緊。
請回想自己初生之時，
曾經那麼潔白無瑕。
當你希望提升自我肯定的那一刻，
你將會像疼愛嬰孩那般，
疼愛自己。
不必焦慮，
慢慢地重新來過，
凝聚你心中的愛。
不要放棄，
讓這本書好好教你前進。

前言

挺起胸膛說「我愛自己」的日子到來了

現在的你，是否有這些煩惱？

・總是戰戰兢兢，看別人的臉色過日子
・老是被呼來喚去
・經常感覺不安、痛苦
・即使認爲自己的意見才正確，卻不敢說出來；被眾人批評，就馬上鞠躬道歉，事後又爲自己的懦弱懊惱
・看到充滿自信的人，嫌棄自身的軟弱
・太在意別人眼光，無法說出想說的話，卑微膽怯

・常常懊惱若能說出眞正的想法該有多好

・討厭自己的無能

這些煩惱，會發生在職場、學校、戀愛、交友、家庭、育兒等生活的一切場景當中。

如果你正爲這些事情困擾著，原因很可能就是「自我肯定低落」。

我非常了解你的辛苦。因爲我自己也經歷過那樣的日子，二十歲之前歲月堪稱人生的谷底。最後甚至從恐慌症演變成憂鬱症，我一直苦於負面思考和自我貶低，完全不知道自己的價值，也不懂怎麼愛自己。

我是如何提升自我價值，脫離恐慌症和憂鬱症，還成了心理諮商師和作家，變成人生勝利組的呢？關於這一切，我將會在第一章細細道來。

本書除了分享我的親身經歷，也將以最先進的腦科學及心理學，針對自我肯定低落是什麼樣的狀態、其成因與改善方法等，做詳盡的解說。

最近大家開始關注「自我肯定」這個名詞，坊間也有許多教人如何提升的相關書籍。但是，這類書籍幾乎都是以心理學出發，從「腦科學」探討自我肯定的書卻一本也沒有。

本書就要告訴你以腦科學提升自我肯定的方法。

事實上，現在的日本，有許多人像我過去一樣，因爲感受不到自我的價值而感到人生辛苦。

更有調查結果顯示，日本孩子的自我肯定遠比其他國家來得低，內閣府甚至公布「提升自我肯定方針」。

根據日本內閣府的調查，對自己感到滿足的受訪者比例，美國是86％，英國有83%，法國82．7%，韓國71．5%，跟這些國家比起來，日本竟然還不到一半，只有45．8%。[1]

自我肯定低落很可能造成沒有自信、胸悶、對生活感到索然無味。沒有自信的人，就會陷入負面的漩渦，無法脫離惡性循環。

或許你曾經有過許多艱難的遭遇，每次都令你悲憤而泣，但這些都不是你的錯。

其實，肯定自我隨時隨地都可以做到。

「什麼?!這麼簡單？」你可能這麼想。

請放心，無論你現在幾歲，都可以提升自我肯定，重新拾回自信。

智力、學歷、經濟能力如何，都沒有關係。

1 台灣方面，根據二〇一九年兒福聯盟的兒少心理調查報告，「我覺得非常快樂（不同意及非常不同意）」的比例僅有21．5%。報告並指出「除了逾兩成兒少覺得不快樂外，有二成三的學童表示認同『世界少了我也沒有關係』。」（摘自兒福聯盟官網）

這不是運動，不必從小練習累積經驗。

想要提升的人就自然能提升，這就是自我肯定。

你現在會讀這本書，或許正是爲此困擾。

這是日本第一本告訴你「腦科學提升自我肯定的根據及其方法」，並且教你如何實踐的書。

心理學的學說加上腦科學的學說，讓你擺脫主觀認定，解放心靈的枷鎖，你的內心自然會萌生正面樂觀的情緒。

只要三個瞬間提升自我肯定度的步驟，你馬上就能有所體驗。

其他還有十七個釋放心靈的療法，共二十種自己就能實踐的方法，讓你提升自信。

這些都是來自我的親身體驗，從低度自我肯定導致的恐慌症、憂鬱症到恢復正常。截至目前已經成功幫助超過一萬人，消除了他們的自卑情結。

本書最大的重點就是證明你可以隨時隨地放下主觀認定，疼惜自己。每天開開心心，挺起胸膛說「我是最幸福的人！」這一天一定會到來。

如果你正爲無法肯定自我、缺乏自信而煩惱，就從慢慢讀這本書開始吧，對你一定有所助益。

第1章

我因此克服了自我貶低 你也一定能改變自己！

第2章

從發現自己的「主觀認定」開始吧

自我肯定高／低的人

第3章

為什麼「腦科學」提升自我肯定效果如此顯著？

改變腦神經迴路的嶄新方法

第4章

加入腦科學，實踐心靈的更新

大幅提升自我肯定的三步驟

第5章 為你增加自信的17種方法

讓自我肯定低落的自己獲得釋放的心靈工作

第1章

我因此克服了自我貶低

你也一定能改變自己！

這正是彌永式諮詢的特色！

在進入本章之前，我想先分享自己是怎麼克服無法自我肯定的問題。

我在大分市有一個心理諮詢室，名爲「心理辦公室・內在的聲音」，以自己設計的心理療程與心靈課程，從腦科學、遺傳學、心理學、醫學的立場，探討人的潛意識與身體結構，幫助患者減緩恐慌症或憂鬱症等各種心理問題，以及因霸凌或家暴所造成的心靈創傷。來求診的客戶當中，也有以下的目的：

- 克服失戀的挫折，建立更好的戀愛關係
- 改善職場的人際關係

彌永式諮詢的特徵

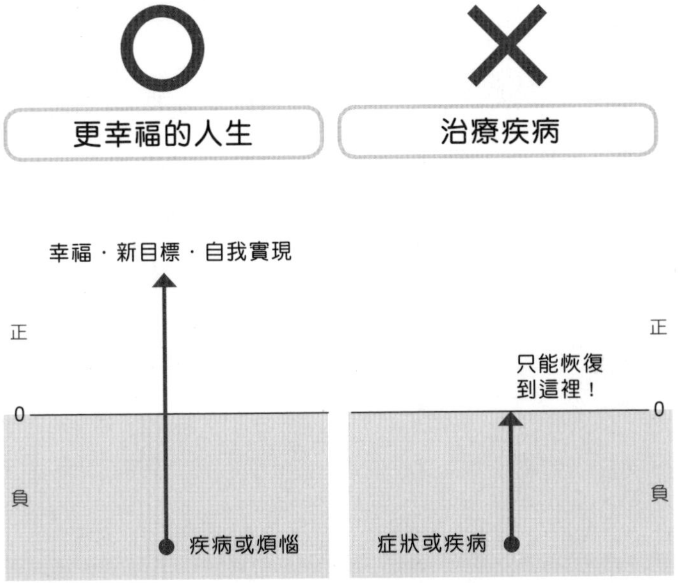

從負到正，為客戶的人生指引方向感受更多幸福。

一般的治療，只能幫患者將負能量提升歸零。
這雖然沒有什麼不好，但彌永式諮詢要讓客戶得到正能量。

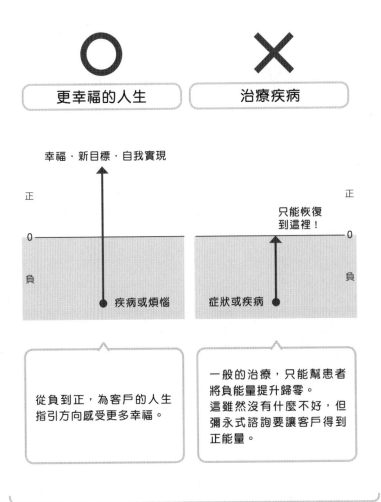

- 找到自己的方向
- 追求更好的人生
- 在工作、運動或學習上有成果
- 希望戒除暴食或抽菸的成癮行爲
- 爲失眠所苦
- 爲無法肯定自我而痛苦厭世

——等等懷著以上願望或煩惱的人。

我利用 Skype 網路視訊爲世界各地的客戶進行私人療程。

在這些諮詢中，我感覺大家都有自我肯定低落的問題。

我不是在「治療疾病」，而是幫助大家「翻轉人生」，提供找到幸福的心靈課程。所謂的治療，就算患者的煩惱消失，也只是將他的負能量回歸到零。而我提供的是陪伴對方從零得到正能量。軸心問題就是肯定自我的感覺。

我沒有存在價值——毫無夢想和希望的日子

其實，在成爲心理諮詢師之前，我是一名護理師，經歷過各種專科，也曾經在精神科暨身心內科任職。因此，除了以心理諮詢師的身分聆聽客戶當下的煩惱，我還要幫助他們改善人生，提供更長遠的計畫。

在擔任護理師時，我也曾經陷入恐慌症和憂鬱症，爲此我鑽研心理學，成爲醫院的諮詢師，有了精神科、身心內科、青春期門診等臨床經驗後，才獨立開業。

我從事醫療和心療已經超過十九年，幫助了一萬多人改善症狀。症狀改善率高達98％的驚人成績，吸引了許多人前來求助，其中不乏明星和名人，預約排到五年半以後，目前只能暫時婉謝新客戶。

此外，我的著作也銷售超過十萬冊，希望藉由分享我的經驗和知識，多多少少能夠幫讀者緩解心裡的煩惱。

我住在日本九州的大分縣大分市這個小地方，還能夠幫助這麼多人，心中充滿感激，每天都過得很充實快樂。但其實我小時候是個怕生內向、在意別人的臉色、不敢說出自己意見、沒有自信的孩子。

以前我完全感覺不到自己的價值，也沒有特殊才能，每天茫然地過著，毫無夢想和希望。現在回想起來，當時的自我肯定度眞的很低落。具體來說，所謂的低自我肯定，不外乎以下這些行爲：

- 凡事總看人臉色，不敢爲自己發聲，苦水只能往肚裡吞
- 感覺自己毫無價值
- 在學校也無法與同學融洽相處
- 學業表現不好，自認是學渣

- 幻想截然不同的人生
- 討厭自己的個性
- 不懂怎麼愛別人
- 總是情場失利
- 與旁人難以溝通
- 不擅言詞，詞不達意
- 面對人群就會緊張
- 僞裝自己
- 在學校上課時，上台發表總是結結巴巴
- 對父親畏畏縮縮，不滿和憤恨都壓抑在心裡
- 凡事都負面思考
- 嫉世憤俗

種種負面情緒難以道盡，我也爲此困擾多年。

自我肯定低落的原因

以前的我爲什麼沒有自信？

我從小受父親嚴格的管教，他認爲學歷至上，總是逼我讀書。

我還記得他說過功課好的孩子才是最棒的。

在他眼裡，「聰明＝有價值」，而這種觀念其實是來自於他的父母，也就是我的爺爺奶奶。他相信承自父母的就是正確的觀念，所以自然也強迫自己的孩子接受這樣的價值觀。

我的父親雖然有高中教師的資格，卻沒當老師，而是成爲一級建築師。他在一家大建設公司上班，還能在忙碌的工作之餘，考取一級建築師工管理技術士、一級土木施工管理技術士、一級園藝施工管理技術士等建築業相關的國家級最高資格執照。

父親是個努力的人，書房的燈經常徹夜不滅。

對他來說，有一副好頭腦比什麼都重要，他也要求兒子接受這樣的價值觀。即便我考了九十九分，沒有一百分，就一文不值。他告訴我，不是班上的第一名根本毫無意義。

他似乎無法理解留著同樣血液的兒子爲什麼無法達到他的要求，並爲此感到憤怒。

只要我沒有考好，就得挨一頓拳打腳踢、嚴詞斥責，或是被砸東西。

好幾次母親介入爲我緩頰，但常常因此大吵起來……想起當時的處境，我覺得很心酸。

童年雖然也有開心的時候，但那些可怕的往事，還是影響我最深。

在父親的認知裡，用功讀書是理所當然，頭腦好就能考高分，一個不優秀的兒子，對他來說沒有任何意義。漸漸地，我的心裡開始有了這樣的念頭：

自己很笨、沒用。

我應該要很會讀書。

等等這類「應該要如何如何」的想法。

甚至相信——

我什麼都不會，我是個笨蛋。

我是個沒有價值的人。

這樣的「念頭」一直很清晰，從不曾散去。

憂鬱的人，許多都是所謂的「黑白思考」。

非黑即白，沒有灰色這種中間色彩，不容許其他選項的極端思考，我的父親也認爲孩子不是聰明就是笨，沒有所謂的中間。

從父親的角度來說，要求孩子考進好大學、找到一份好工作，無非是希望孩子好，我現在終於能體會。

只是他表達關愛的方式笨拙，一生氣就拳打腳踢。我想他應該也是受自己父母這樣的管教，不過是依樣畫葫蘆，沒有惡意。

但我當時還是小學生，怎麼可能理解。父母對孩子來說是絕對的權威，他那種關愛眞是害苦了我，令我只記得恐懼，有時候甚至懷疑他不是親生父親。

我是一個沒有自信、難以自我肯定的孩子。

當時覺得活著好辛苦，有太多痛苦的事。但是在學校我卻掩飾得很好，同學和老師完全不知道我有這樣的遭遇。除了家人，我沒有其他歸屬，向別人講這些事也沒有意義，只能一直沉默。

所以在學校遭到霸凌，的確會產生厭世的念頭。

成為護理師就覺得自己有價值嗎?!

兒時的痛苦經驗，使我養成內向、凡事看人臉色、不敢爲自己發聲、也無法與人相處的個性，長大後，我夢想能成爲護理師。

我的母親是婦產科護士，她告訴我這個救人的工作很偉大。想到像我這樣不會讀書又沒有價值的人或許也能幫助別人，我便開始嚮往護理師這個工作，並開始努力學習。

其實還有其他的醫療相關職業可以選擇（例如放射師、醫學工程師、理療師、職能治療師、針灸師、急救人員等），但我應該是基於自信不足，覺得如果日後遇到困難，還可以找媽媽商討，所以才選了這個職業。而且，在女性居多的職場中，我身爲男性可能比較有機會突出，這也是考慮的因素之一。

我並不後悔成爲護理師，我仍認爲這是一個值得投入的偉大工作。身爲一名男性護理師，我得到許多病患的信任，這是因爲我非常誠懇且仔細地對待每一位病患。

不過，考取護理師執照去幫助別人，其實是爲了——

「證明自己的存在」

「以護理師身分救助他人的自己是有價値的」

一種得到救贖的補償心理吧，因爲我對自己的將來始終沒有自信。

共依存以滿足自尊心的心理

說到底，把「護理師」這個稱號當成價值，壓根就不是自我肯定。「○○的自己」，每個人眼中的○○，無非就是代表「權威、權力、名譽、名聲、金錢、執照、情人、工作」等等的字眼。

例如，在無業渣男或家暴男背後默默奉獻的女子，其實都會自我安慰，「他沒有我就活不下去」，以此補償低落的自我價值。這也算是滿足自尊心的一種表現。這種關係在心理學上稱爲共依存。共依存或戀愛依存的問題都是源於自我肯定低落。

這樣的女性內心深處其實是「得不到愛」、「想要被愛」，還有嚴重的自我貶低。因爲無法肯定自己，她們便以對愛的渴望來塡補心靈的空虛，滿足自尊。

舉例來說：

1. **希望被別人需要**——這種念頭很強烈（渴望得到認同）
2. **過度干涉**——對方的一切都要管（不安的情緒會產生控制欲）
3. **緊迫盯人**——失去聯繫就會坐立難安
4. **自我犧牲**——爲對方貢獻自己的一切金錢、時間和勞力
5. **扭曲的正面思考**——例如相信對方的惡劣行徑都是爲了自己好

共依存關係之下的愛情，其實是補償無法肯定自我的假象。眞正的自我肯定是在正常生活中感受到自己的價值，無關任何人。深陷其中卻毫無覺察也是共依存的可怕之處。

我也一樣，以爲護理師可以證明自己的價值。

護理師的身分塡補了我心中的缺口，而我竟沒有意識到這一點。

我也曾談過戀愛，但當時只是爲了滿足自我的認同，自然沒有好結果，屢屢陷入連戀愛也談不好的消沉。

最重要的是如何與對方保持適當的距離（心理學稱為界限），還有讓自己的大腦神經迴路正向運作，重新建立潛意識。

以後我會再寫一本書來幫助共依存與爲愛所苦的人。

有夢最美，這樣就滿足了嗎？

對自己的將來，我也常常沒自信。

但是我認爲只要有夢想，就能爲自己增添價值。在還沒有網路的時代，我每天浸在書店裡，任何類型的書都看，我始終認爲現代人的煩惱，可以從古人的教訓中找到答案或提示。閱讀使我得救，而我現在也寫書救人。

有一次我讀到介紹船醫的特刊，才知道原來船上也有護理師。我因而更嚮往大海，漸漸開始不安於在醫院服務。我也想試試看，卻一直不敢下定決心，常常覺得自己辦不到，最終只能放棄。但我不能再這樣下去，憑著一股衝動，逼自己去爭取可以到船上工作的駐船護理師。自我肯定低落的人有時候會衝動行事，我當時就是這種典型。

駐船護理師的工作是在船上的醫務室照顧乘客與船員的健康。當時覺得駐船護理師還可以寫個旅行隨筆、小說或畫畫，過過作家的癮，便努力考取國家資格的「船舶衛生管理者」執照。

有這個執照，才能在航海中從事投藥、注射、縫合、止血等醫療行爲。緊急時還可以進行插管、麻醉等手術。

但是，手術室和急救門診、內科、腦外科、整形外科等專科，如果沒有臨床經驗，即便緊急也不能救助病患的性命。

因此我又到急救、外科、內科、整形外科、手術室、腦外科等所有專科都走一遭之後，再轉到安寧醫療。還以男護理師身分提供居家照顧，這在當時日本相當少見。這一切都是爲了能夠航海環遊世界的夢想。

爲了打破自己狹窄的世界觀，我要去見識更廣大的世界，讓自己更有自信。

但是，一步步朝著夢想邁進的同時，我卻還是覺得很苦悶。一般人應該會爲夢想即將實現而開心，但我卻感覺「焦慮」洶湧襲來。

突如其來的恐慌症

我在精神科暨身心內科擔任護理師的時候，因爲是大單位，每隔一年就要調動病房，所以我照顧過各種病症的患者。

當時，我剛從女性病患的慢性病房調到失智症長照病房。現在失智症已是社會普遍的問題，但那時候「失智症」還被稱爲「癡呆症」。

我值勤的地方是全身癱瘓、飲食、排泄、沐浴、移動都需要完全協助的患者病房。

夜班的配置是一名有執照的護理師與兩名護理助手，三人必須負責約八十位需要醫療照護的病患，也可能有病情突然惡化而死亡的病患。當時只有我自己能夠因應突發狀況進行急救，隨時都處於緊張的狀態。

雖然有部下，我卻無法給予妥善的指示。

我不敢要求他們做什麼，因此總是獨自神經緊繃，上大夜班前也無法入眠……

儘管壓力爆表，我還是硬著頭皮死撐。

就在一次值夜班的時候，我的心臟像是警鐘一般悸動，膨脹欲裂的感覺，令我呼吸困難。

我的手腳麻痺，直接昏倒在地，這正是「恐慌症」。再回過神來，我已經被救護車送到急救中心，正在接受鎮靜劑的點滴。

我問醫生這是什麼症狀，他回答我：「應該是恐慌症發作。如果還持續有這種情形，我建議你去精神科看看。心電圖、血液檢查並沒有發現什麼異常，應該是心因性的問題。」

我也曾經照顧過恐慌症的患者，沒想到自己竟也患上恐慌症。「我得了精神疾病……我會不會就這樣死去……」恐慌症發作令我痛苦不已。

幾次發作下來，成爲駐船護理師航行世界的夢想等於泡湯，這些年來爲了這個夢想的努力，就像沙堡在我眼前一點一點崩落。

因爲恐慌症，我變得不敢外出，窩居在家裡的鬱悶，最後演變成全盤否定自己的憂鬱症。

心病與自我肯定的關係

現在正讀著這本書的你，或許爲自我肯定低落而苦的程度還不到精神疾患的地步。

我的工作是幫助恐慌症或憂鬱症的客戶改善症狀，心理疾病幾乎都來自於自我肯定低落。那種感受會造成厭惡自己的念頭，也無法控制情緒。

- 一點點挫折就沮喪不已
- 不能控制或無法表達情緒
- 自厭到無法控制情緒，容易激動
- 壓抑情緒造成恐慌症或憂鬱症

這些都是常見的傾向。

年幼時期的創傷或偏見、個性使大腦的神經元形成負面迴路（第二章、第三章將會詳述）。

嘗試催眠療法的理由恢復。

曾有一段時間，我甚至有「乾脆消失」的念頭，精神上和經濟上都感覺走投無路。無法外出、嚴重憂鬱導致生理失調，根本無法工作，積蓄一點一滴地流失。

人被逼到絕境，思想就會變得很極端。我也不可避免地走到這一步。

最後終於到了必須服用精神科藥物的地步，但是藥的副作用實在太嚴重，令我無法堅持下去。

醫院的治療不見成效、精神科醫師的說詞千篇一律，我已經不再寄望。這段經歷我在《輕鬆治療憂鬱的方法》及《恐慌症不安一掃而空的十七種方法》二書中有詳細敘述。我決定面對現實，一定要改變，治好自己。

當時我認為自己的心病是起因於自我肯定低落，所以有效治療心靈的心理療法是可行的。

除了西洋醫學，還有針灸、復健、食療、中藥等這些針對身體全面的調養。體質合適的人的確可以採用這些方法，但我由於年幼時期的創傷，只能從精神方面進行。在精神科擔任護理師時，我看過許多病患的病歷，才知道有些心理疾病是源自年幼時期的創傷。

我於是決定嘗試心理療法中深入潛意識的催眠療法。

在接受催眠療法之前，我讀了一些相關的書籍。西洋醫學認爲精神疾病的原因在大腦，催眠療法則是探討來自潛意識的創傷。西洋醫學的藥物療法是針對大腦治療，但藥物無法改變潛意識。

還記得當時充滿了興奮和期待，「我可能找到了治療的契機」。

催眠術與催眠療法有什麼不同？

在還沒有網路的時代，我從電話簿上找到幫人做催眠療法的地方。那裡不是醫院，而是民間的治療院。我在那裡第一次見到催眠療法的K老師。

我以為催眠是像電視上那種催眠秀，利用催眠術操控別人。我想起曾經在電視上看到一個害怕蛇的人，經過催眠後就敢摸蛇了，所以我也決定試試看。

不過後來我才知道這完全是無知的誤解。催眠療法和催眠術不同，而是腦科學、醫學、心理學上都認可，也是日本醫師學會、美國醫師學會、英國醫師學會、美國心理學會都承認的正式治療法。

催眠療法是身心醫學療法之一，日本厚生勞動省於二〇一八年列為健保給付診療。[2] 換句話說，這是日本醫師學會也認可的正式治療法。

根據阿爾弗雷德．巴里奧斯（Alfred A. Barrios）博士在《美國健康雜誌》（*American Health*）上發表的心理療法調查，催眠療法與其他心理療法的恢復率如下：

・精神分析療程 600 次，恢復率達38％

・行動療法療程22次，恢復率72％
・催眠療法療程6次，恢復率93％

催眠療法效果令人驚艷。

我們雖然會因催眠而受到控制，但並不會失去意識。整個療程當中是有意識的，我們沒有睡著，也沒有被操控。所謂的催眠狀態並不是特殊狀態，我們其實都會在一天當中，自然體驗催眠狀態達12次之多。

例如，看電影時，因完全投入劇情而流淚（電影的劇情並非發生在真實生活中）；入眠前意識朦朧、非常放鬆的狀態，就是催眠狀態。

在催眠中，我們還是能聽到諮詢師誘導的聲音，也可以說出自己的想法。

2 催眠療法在台灣至本書出版時尚未納入健保給付項目。

恢復率這麼高的理由很簡單

一般的心理諮詢，只是單方面聽諮詢師講話。但催眠療法是深入人的潛意識，探求心理引發恐慌症或憂鬱症的真正原因，進而療癒及釋放。也可以藉著催眠暗示，灌輸正面印象。

一般的心理諮詢是在只利用大腦10%思考的意識下進行，所以效果不太顯著。

關於我們的表面意識與潛意識，世界知名的美國細胞生物學家布魯斯・立普頓（Bruce Lipton）曾這麼說：

- 研究顯示，我們的行動有95%至99%是由潛意識決定。
- 人的潛意識一秒可以處理200萬個刺激，而意識卻只能解釋其中的40個。

接觸了催眠療法之後，我自己研究才得知這些事實，很受衝擊。

原來過去我只用僅僅10％的意識，想要治療恐慌症、憂鬱症、自我肯定低落……一般的心理諮詢也是在意識下進行，而那只不過10％而已啊。

用暗示改寫你的人生劇本

世界知名的心理學家說過，諸事不順的個性或疾病、行為模式，全都起因於年幼時期的創傷及負面思考的人生劇本。

人生劇本描繪一個人的脆弱或偏見，零至六歲是關鍵時期（我稱之為深植在潛意識中的負面人生劇本）。

催眠療法的K老師告訴我，深植在潛意識中的負面人生劇本將會決定一個人的人生。我這才注意到，無論如何努力，都難以改變的問題癥結。

藉著催眠療法的暗示，改變潛意識的人生劇本後，我的恐慌症狀逐漸減少了。我開始可以外出，研讀有關催眠療法的書籍，試著自我催眠，加入治療的暗示。

後來我又學會如何將人生劇本由負轉正，嘗試以前世療法順著年齡回溯到恐慌症和憂鬱症形成的眞正原因，也就是將潛意識的記憶拉回「爲什麼會造成恐慌症和憂鬱症」根本原因發生的時間點。

結果浮現在腦海的，竟是因爲考試成績不好被爸爸打罵的情景。

年幼時的記憶可以用催眠療法替換成好的記憶。

具體來說，就是將父親過去以打罵的教養改成慈祥的叮嚀，創傷因而解除。

不僅治癒創傷，爲我施行催眠療法的K老師每次都特別強調話語與暗示的重要性，事實上，他只用暗示療法，就治好了八成患者。

我們潛意識受言語的影響其實很大，將「我完蛋了」「我眞沒用」「我沒有價值」這些負面思考，轉化成「無論發生什麼我都沒問題」「無時無刻愛惜自己」等正面的暗示，使自己堅強。在催眠狀態下，我複誦老師的正面暗示，植入潛意識中。

就這樣，我漸漸好起來，變得願意活動，也敢搭飛機，愈來愈覺得自己是個值得存在的人。

就像變魔術一樣，那個「希望從世界上消失」的我已經改頭換面。

我的催眠療法恩師、世界知名的催眠療法權威理查・內維斯（Richard Neves）博士，於一九六〇年代在加州開業推行催眠療法，當時不像現在有各種最先進的心理療法，他只以暗示療法就成功治癒了九成患者。

在內維斯博士的催眠療法課程中，我又認識了一位奇蹟般的人物，開發了自我暗示法的法國藥劑師艾彌爾・庫埃（Emile Coué）博士。

庫埃博士的藥局有各種難治之症的患者，舉凡風濕、氣喘、結核、癌症、憂鬱症、恐慌症等，他對他們施以暗示療法，治癒率高達93%。

他的做法是讓患者每天早晚2次，每次複誦暗示的話語20遍。

我的負面偏見就這樣治好了，現在回想起來，這個方法就是藉著催眠暗示，促進大腦神經元的神經增加可塑性，形成正面迴路。

換句話說，這其實是運用腦科學提升自我肯定的好方法。我將會在第三章詳細說明。

我就這樣有了一百八十度轉變

提升了自我肯定之後，我現在變得怎麼樣呢？

- 覺得自己就算書讀不好，也是個有價值的人
- 擺脫負面思考，凡事抱以正面心態
- 做不好也不放棄，變得積極主動
- 願意與別人懇談
- 真心愛惜自己
- 不受別人擺弄
- 能對別人確實表達自己的想法

- 能愉快地面對愛情
- 不會因不安而強迫自己擁有夢想，不必時時刻刻確認自己的存在價值，心情變得輕鬆
- 克服恐慌症和憂鬱症
- 接受藝人和名人的心理諮詢
- 成爲暢銷作家
- 因心理諮詢而成名
- 懂得愛惜自己的方法
- 每天都覺得活著是愉快且值得期待的
- 敢於面對人群，甚至在紀伊國屋書店舉辦演講
- 原諒父親並感謝他的養育之恩

先前那個怯懦的我永遠想不到自己的世界竟有了一百八十度的大轉變。

權力、名譽、名聲、財富、資格、工作、愛情等，用這些表象來衡量價值獲

得的自我滿足，其實並不是眞正的自我肯定。

我的轉變，雖然也有上電視或暢銷書等顯性的形式，然而會決定寫下這本書，主要是想讓大家知道我個人的生活和環境前後產生多大的變化，毫無炫耀之意，盼諸位不會誤解。

我要不厭其煩地再叮嚀一次。

眞正的自我肯定，是完全肯定自己的存在，擁有懂得愛自己的能力。

現在的我已經能自如面對生活，每天哭泣的日子已是過往雲煙。

如果你的自我肯定低落，覺得人生艱難，我要送給你一句話。爲我施行催眠療法的K老師說過——

「每個人都有浴火重生的機會。」

這句話讓我學會愛惜自己，從創傷中走出來。

第2章

自我肯定高／低的人

從發現自己的「主觀認定」開始吧

歸根究柢，自我肯定到底是什麼？

・諸事不順
・習慣看人臉色，不敢爲自己發聲
・沒有自信
・經常對周圍發生的事很敏感

以上是自我肯定低落的人常見的情形，過度感覺自己卑微，凡事都抱以負面思考，總是挑到吃虧的事。

然而，所謂的自我肯定到底是什麼呢？照字面的意思，就是「認爲自己很重要」「肯定自己的生存價值」，一種正面的「心靈動向」。

無論何時何地，不管發生什麼，都能夠帶著自信面對，肯定一切。

換言之，自我肯定度愈高，愈能享受人生，自由自在地過想要的生活。

相反的，肯定度低的人，就會覺得自己低人一等，否定和嫌棄自己，愈來愈沒自信，愈來愈自厭，也比較難控制情緒。

- 一點小挫折就會意志消沉
- 自我嫌棄導致情緒失控，容易激動
- 太過壓抑情緒，演變成憂鬱症或恐慌症

經常被負面思考控制的心靈，在工作、學校、戀愛、家庭等都會與他人溝通不良，無法建立良好關係，處境孤立，自責使自己更加沮喪……

換句話說，人生陷入負面思考的漩渦當中。

能自我肯定，人生就一路順遂

能自我肯定的人，人生似乎比較順遂。諸如以下的例子：

▼**借助人脈與機會，步步高升**

〈例〉有自信就能敞開心胸付諸行動，輕鬆交出成果。還能將自己的幸福快樂傳送出去，獲得別人的喜愛。成爲上司或長輩眼中「能引以爲榮」「能幫得上忙」的人。

▼**找到理想伴侶，建立圓滿的家庭**

〈例〉戀愛對象是「反射自己的鏡子」。不懂得愛惜自己的人，就會吸引想要趁虛而入、壓榨好處的對象。

自我肯定度高的人愛惜自己，也重視對方。懂得爲對方著想，通常都能找到合適的結婚對象，建立溫暖的家庭。即便日後遇到孩子教養的問題，夫妻雙方高度的自我肯定，可以有建設性地商討，互相扶持，解決問題。

我也諮詢過感情問題的案例，確實如此。

▼創業成功

〈例〉能自我肯定的人有堅強的信念，相信自己的能力，付諸行動後做出成果，還能冷靜分析和評價，思考下一步的策略。即便挫折，也可以從中吸取教訓。他們相信失敗會更接近成功。

什麼都不做當然不會失敗。他們堅信一定能成功，卻不急功近利，從容以對，還能見招拆招，所以在工作上多半能交出好成績。

我替許多創業家或公司老闆、律師等上過心靈課程，這些都是經驗談。

自我肯定度高的人總是從容自如，歌頌人生。那些人有以下特徵：

- 情緒控管得宜
- 樂觀看待一切
- 堅信自己的能力
- 直率地愛惜自己
- 也會重視對方
- 一旦決定，便專注執行
- 重視失敗經驗更甚於成功經驗
- 接納自己的一切，包含負面成分，完全肯定自己

由此可知，工作、人際關係、戀愛、結婚、育兒等，提升自我肯定，人生一定會發生巨大的變化。

你能拒絕無理的要求嗎？

進行諮詢時，人際關係中的「I'm OK. You're OK.」（我好，你也好）的態度很重要。我重視自己，也重視你。

在工作上，遇到主管無理的加班要求時，自我肯定度低的人可能是：「爲什麼經理每次都只叫我加班？明明其他人更有空……好想拒絕……」雖然心裡這麼嘟囔，卻還是硬著頭皮擠出笑容：「好的，我會在明天截稿前完成資料。」

接著開始自我嫌棄，「今天又要加班準備資料了。本來要去約會的……這下只好向他抱歉了……煩死了。」只能怪自己沒用。

這就是只有「You're OK」，並沒有「I'm OK」。

如果是能自我肯定的人，他應該會說：

「真抱歉，今天和明天的工作已經排定，我必須全心投入，實在沒有餘力。能不能請其他比較有空的同事幫忙？」

確實傳達自己的狀況和意見，委婉地拒絕。

工作委託其他同事得以如期完成，這就是「I'm OK. You're OK.」。

能夠如此應對的人，就表示已經提升了自我肯定。

這時最重要的是能夠說出「I訊息」，也就是告訴對方自己的想法。

傳達自己的要求或希望有兩種方法：You訊息及I訊息。

我們一般較常見You訊息，但這種方法容易造成對方不愉快。

例如，上司說：「把這份報告資料整理一下，做成簡報檔。」這個指令就是You訊息。

這句話沒有主詞，或許看不太出來，但是如果我們將主詞明確說出，便是這樣的命令語氣：「你來做這個簡報資料。」這就是You訊息。

如果改成I訊息，「可以幫我把報告資料整理成簡報檔嗎？麻煩了。」如何？是不是就不會討厭，反而覺得「爲了主管，我得認眞一點」。

I訊息的重點在於主詞，「如果能幫我，就太～好～了。」還要帶入情緒。

訓練自己不被小挫折打倒

培養扎實的自我肯定就像是一棵樹往地底向下扎根。
樹根夠粗夠長，
就不會因小事而傾倒。
樹幹也會長得更粗，
枝葉更加成長，
最後開花結果。
栽培樹木的方法就是相信自己的能力。

自我肯定度高／低的人

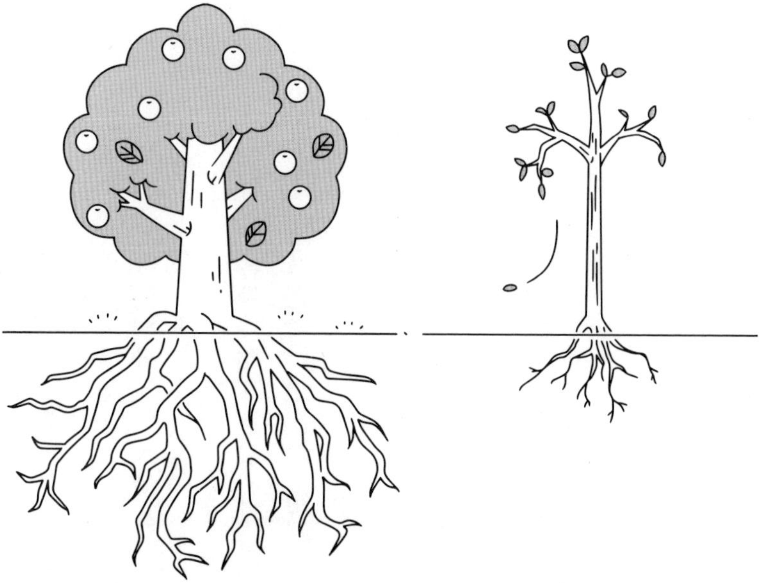

扎實培養自我肯定度
就算遇到狂風暴雨
也有足夠能力承受。

自我肯定度不足時
無法抵擋狂風暴雨
損傷慘重。

就算有狂風暴雨，也足以承受。這裡說的狂風，是指人際關係中的各種狀況。

而自我肯定度低的人恰好相反。樹根細短，長得也淺，樹幹不夠粗，樹葉稀疏，更沒有果實。

如果遭到狂風吹襲，可能就會損傷慘重，甚至折斷。

因爲不信任自己，說不定還會引發自體中毒，樹根自己腐敗，最後全部枯萎。

不過，請大家安心，即便是這樣的樹，還是可以隨時重新振作。

你應該知道，只要改善土壤，給予充分的水和陽光，就能把植物栽培好。自我肯定也是一樣的道理，是可以後天培養的。

自我肯定度確認清單

以下各項敘述符合自身狀況的請打○

1	覺得自己的人生比別人平庸而沮喪	
2	感覺自己毫無可取之處，這輩子不可能幸福	
3	無法拒絕別人的請求，總是硬著頭皮接受	
4	無法喜歡自己	
5	心裡有想做的事也無法完成	
6	不敢拜託別人，獨自承受一切	
7	很在乎網路社群的「讚」	
8	負面語詞總是掛在嘴上	
9	討厭的事數不清，喜歡的事找不到一件	
10	不想引人注意，所以穿著樸素。也不知道怎麼挑選衣服	

你的自我肯定度有多少？

請試著評估一下自己的自我肯定度，在前頁的列表中作答。

結果如何？○有八個以上表示肯定度低，三個以下則是高。

不過，如果你有八個以上也不要沮喪。

如我先前說明的，這是可以培養提升的。利用第四章的三個步驟，以及第五章的十七種活動，便可望大幅提升自我肯定。

改變每個人反應的「信念」

一個人爲何難以自我肯定呢？成長過程中養成的主觀認定是很大的原因。

例如，年幼時看到小狗覺得很可愛，伸手想摸卻被咬了一口。從此認定「狗很可怕」。

又例如小學時，被老師叫到台上朗讀。偶然某個地方念得不好，被全班同學嘲笑，覺得很丟臉。這個經驗使得自己從此不敢面對大眾，或是緊張得面紅耳赤，變得態度消極。

然而，「主觀認定」其實也可變成「信念」。

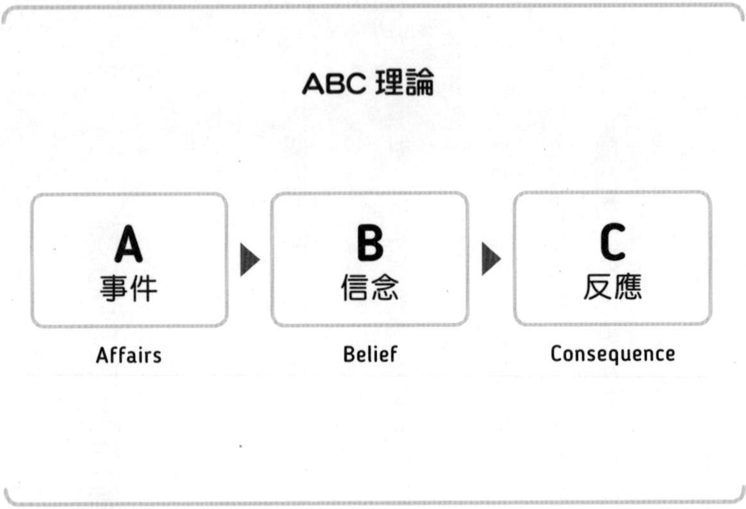

這是理論療法的美國心理學家艾伯特．艾里斯（Albert Ellis）博士所提倡的ABC理論。

簡單來說，如圖示，我們對A的事件會產生C的反應。

而反應C取決於B的「信念」。針對相同的事件，不同的信念（主觀認定）會造成不同的反應。我們看以下的案例。

兩個人的「情緒」是如此不同

假設同事兩人在等電車。

突然聽到廣播，電車因電力系統故障將會延遲一小時。

同事J：「眞是的，一早就這麼倒楣，實在不想打電話給上司。不早點去上班，今天的工作會做不完……只能硬著頭皮打電話了，搭計程車又不能報帳，只好等恢復通車了。人這麼多，眞的很煩。」

同事K則是：「唉，沒辦法，電車也是機器，總有故障的時候，倒也還不至於得搭計程車去上班……想想還蠻幸運，上午要完成的資料，找一個咖啡廳弄一弄就好了，還能有效利用時間。」

這兩個人有什麼情緒上的不同呢？

· 同一班電車
· 電車會延遲一小時

兩人遇到的事件一樣，不同的是，圖中的B「信念（主觀認定）」。J覺得很倒楣，K卻覺得很幸運，兩人完全相反的「心靈動向」，採取了「完全不同的行動」。

自我肯定度低的人，會產生負面情緒和行動。

72頁圖中的B部分只要稍做改變，結果（反應）就會很不一樣。

「主觀認定」可以簡單放下！

看完前面的例子，你可能也想提升自我肯定，但長久以來的主觀認定怎能說變就變，你一定覺得很不安。

請儘管放心，主觀認定隨時隨地都能改變。

不管年齡怎麼增長，透過心靈訓練都可以幫助我們提升自我肯定。

這與運動不同，不必從小接受高強度的練習加上長年的經驗累積。

與頭腦好壞或是學歷高低也沒有關係。

只要有心，就自然能提高自我肯定。

你會拿起這本書，表示你的內心已經意識到自己這方面可能比較低落……

所以光是正在讀這本書，就證明你有想要改變的強烈動機。

首先，要懂得放下主觀認定。

重點在將因過往經驗而根深柢固的主觀認定（偏見或固執）思考回歸中立。

一個人如果主觀認定太強，就會不自覺地被偏見牽著鼻子走。

主觀認定回歸中立後，就可以進行置換。

就像開車時，排檔桿必須先打到空檔，才能換檔前進或後退。讓心靈回到原點是很重要的。

或者換一種說法，我們要讓心靈更柔軟。

爲此，你必須先知道心中的主觀認定，再利用「腦科學與心理學的力量」改變它。

這就是提升自我肯定的心靈訓練。

第3章

為什麼「腦科學」提升自我肯定效果如此顯著？

改變腦神經迴路的嶄新方法

樂觀與悲觀，你要哪一條神經迴路？

運用腦科學培養自我肯定是什麼意思？這應該是許多人心中的疑問。請看接下來的詳細說明。

成人的大腦中，有八百六十億個稱爲神經元的神經細胞。

我們思考的時候，大腦的神經元就會各自延伸出來相互結合。

神經元中的軸突與樹突以電流傳遞訊息，通過軸突的電流訊號再接著向下一個神經元的樹突傳遞。而連接軸突與樹突的部位就稱爲突觸。

換句話說，神經元就是藉著突觸相互結合，在大腦中形成巨大的網狀迴路。

大腦的神經細胞——神經元

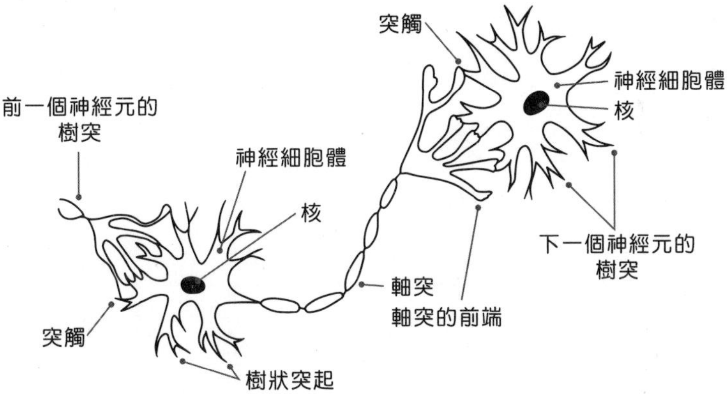

現代精神科學家的代表人物艾瑞克・理查・坎德爾（Eric Richard Kandel）博士實驗證明了突觸的結合，可以保存記憶，而大腦中有正面神經迴路與負面神經迴路，這些迴路會自行增減。

這項發現在二〇〇〇年獲得了諾貝爾醫學獎，對於研發有效消除焦慮的方法有很大的貢獻。

德國暢銷書《零恐慌！：神奇十句法訓練大腦永久擺脫焦慮恐慌症》（*Panikattacken und andere Angststörungen loswerden!*）[3]中提到：「負面思考模式及不間斷的壓力和心理負擔，會引發負面情緒，改變大腦構造」。該書作者也是德國知名臨床心理師的克勞斯・伯恩哈特（Klaus Bernhardt）將腦科學的方法運用在恐慌症的治療。

我是心理諮詢師，並非腦科學專家，僅以書中的摘要來說明思考如何改變大腦構造。

3 繁體中文版書名，本事文化，二〇一八。

修改大腦的編程

我們在思考時，會留下記憶。

電腦將資料保存在硬碟裡，大腦則如先前說明過的，有神經元與突觸形成的巨大網絡，利用突觸來保存。

換句話說，在我們思考的當下，神經元就會產生新的結合。

「這些思考根源的情緒愈強烈，無論是正面或負面，都會使神經元的結合活絡。因此，如果總是負面思考，我們的大腦中就會形成不愉快與不安的高速公路（訊息高速公路）。也會使喜悅和歡快的通路愈來愈細。」（摘自《零恐慌！：神奇十句法訓練大腦永久擺脫焦慮恐慌症》）

隨著我們的思考，大腦中不斷地形成新的網絡，重複的思考使迴路益發清晰壯大，而長期不想的事，迴路會自然萎縮消失。

無論正面或負面，多次的結合，大腦對於重複的思考就會自動反應。

這一連串自動反應的形式一旦建立，就不再是我們控制大腦，而是大腦控制我們。

例如，令恐慌症患者最痛苦的，不外乎是擔心經歷過的恐懼再度發作。這種「預期不安」在幾天之內就完全變成自動的思考模式，藉著突觸的結合，在大腦深處向下扎根。

我們可以利用一點技術，引導大腦回歸正面。學會這個技術，你自己也能讓大腦重新編程。

刻意且快速地製造更多保存正面情緒的突觸。

讓它們充分結合，大腦就會開始連結新的訊息。你將會很清楚地從情緒的轉變感受這些正面的新通路。

現在，有關大腦的最新研究已經開發出特別的心靈課程，可以將這種轉變的進程加快好幾倍。

伯恩哈特在書中提到，六至十二週後，82％的患者預期不安或恐慌症狀都不再發作。

幸好有坎德爾教授這些偉大的科學家，我們才知道原來大腦不斷地變化著。大腦會隨著使用的方式產生變化，這種能力稱爲「大腦的神經可塑性」。

目前最新的腦科學訓練可以同時對非常多的突觸釋放正面訊息。這些突觸相互結合後，就會在大腦中傳遞正面的新訊息。

新的網絡愈穩固，大腦就會自動產生正面思考，不安的想法則漸漸減少。

本書要告訴你大腦神經可塑性的法則，教你如何應用，提升自我肯定。

大腦也可以做復健！

肌肉不運動就會萎縮，多鍛鍊就會增長。突觸也是相同的道理。

保存不安情緒的突觸連結擱置不用，會自然萎縮，漸漸減少，但如果總是想著負面的事，突觸連結的網絡就會益發延伸。

濱松醫科大學名譽教授高田明和先生在著作《大腦的結構與安撫的方法——如何在壓力社會中生存》中有一個案例，一位六歲孩子一度失去視覺和聽覺，後來成功恢復。

這個孩子曾經接受心臟手術，裝置體外循環設備，大腦機能受到大範圍的損傷，不僅手腳麻痺，眼睛看不見，耳朵聽不到，也無法說話。

重度的大腦損傷令他的父母非常傷心，但他們還是努力復健，期待能夠恢復。

漸漸地，手腳能動了，眼睛也開始看得見，說話的能力也有了起色。幾年後康復，據說完全感覺不到後遺症。

教授在書中說道，這就是「大腦的可塑性」。

我們也常見到因腦中風而無法說話的人努力復健，最後幾乎都可以恢復說話的能力。

這是因為因中風而壞死的腦細胞周邊有細胞恢復功能，殘存的細胞增加突觸，逐漸填補功能。

大腦的可塑性確實可以讓我們的身體恢復功能。

新突觸的形成提升自我肯定

腦科學領域的世界權威，《突觸造就人格》（*Synaptic Self: How Our Brains Become Who We are*）作者，紐約大學神經科學中心的喬瑟夫．勒杜（Joseph E. LeDoux）教授提到：「從突觸層級思考自身有其意義」。

一個大腦裡神經元有超過幾十億個，錯綜複雜地連接，突觸決定了我們所有的行爲和思考，還有我們表現出來的一切情緒反應，勒杜教授認爲這是無庸置疑的。

他的另一本著作《情緒的腦科學》（*The Emotional Brain*）則提出突觸的可塑性甚至可以修復人格。

這與伯恩哈特的主張相同，將突觸接上好的網絡，努力使記憶、思考、行動改變，將恐慌症的不安轉換成好的記憶。

在伯恩哈特的治療所，七成以上的患者只做了六次心理諮詢就完全康復了，就是利用突觸的可塑性。

自我肯定也是相同的道理。

如果能夠讓新的正面突觸形成，思考就能變成正面的迴路，即使不靠心理學的方法，也可以隨心所欲提升自我肯定。

勒杜教授的《突觸造就人格》一書中，對於人的自我這樣說明：

「突觸是解開大腦許多功能的關鍵，也是解答自我的關鍵。」

「關於人格，我想得很簡單。你的自我，也就是你認爲自己的樣子，反映出你腦中細胞元相互連結的模式。」

「想到大腦功能中突觸傳遞的重要性，所謂的自我就像是每一個突觸。」

「大腦突觸構造的形成影響著我們的心靈與行動，一個人大腦中突觸連結的特有模式，以及突觸連結中包含的訊息，正是解開此人人格的關鍵。」

勒杜教授一再強調人類大腦突觸的可塑性對人格形成的影響。

與心理學的方法有什麼不同？

坊間的心理學書籍介紹各種提升自我肯定的方法。

心理學的書大多是利用面對或重新體驗年幼時期創傷的方法，幫助患者克服。

例如，要求患者回想過去創傷形成的情景。讓患者花上幾個小時訴說當時所經歷的痛苦，把潛藏在這段經歷中的痛苦情緒（當時感受不到的悲傷、恐懼、不安、憤怒、羞恥等）全部傾吐出來，用這樣的方法釋懷。

這種諮詢會花上半年至一年的時間。

雖然沒有什麼不好，但耗時過長，而且神經元的構造幾乎沒有變化。

要促進大腦的可塑性轉爲正向，我採用彌永式催眠療法。對大腦進行暗示，激發神經元的可塑性，以提升自我肯定。

從腦科學的角度來看，你是不是也覺得以腦科學的方法來提升自我肯定比較有效？

本書介紹的方法最重視的是製造神經元的新連結。

正面的神經元連結會在腦內形成新網絡，這就能用於提升自我肯定。

腦科學研究開發的最新技術已經往前邁進了一大步，從改變大腦編程著手。

讀了伯恩哈特的著作，我發現應用大腦可塑性的方法不僅可以治療恐慌症，也適用於提升自我肯定。另一種與伯恩哈特的方法稍有不同，我稍後將介紹的大衛・漢密爾頓（David Hamilton）博士的研究在心靈療程上的應用，融合了腦科學與心理學，也有顯著的效果。

在此我要感謝給予我靈感的漢密爾頓博士、伯恩哈特心理師，以及勒杜教授。

正面鼓勵給予身體的「強大力量」

「不，我不行了」「好痛苦」這些是負面的語詞，而「沒問題」「一定有辦法」「朝氣」「愉悅」「開朗」「興奮」「美麗」「最棒的心情」則是正面的語詞。

我經常在演講或研習會，或是心理諮詢時，讓大家體驗正面話語的威力。以下介紹方法。

兩人一組。

A——負責說出話語（體驗話語的影響）

B——在A說完話後，負責將手往下壓

A將慣用手向前伸出，與地面平行。

B將手搭在對方伸出的手上。

接著A說「沒問題，一定可以」「很開心，好幸福」等正面的話語。

手用力（B會用力壓下，A也要出力維持手平舉）。

A說出正面話語時，B就要用力將A的手向下壓。

A的力量可使手保持水平。

接著，A要改說「沒辦法，不行」這類的負面話語。

與先前一樣，B要將A的手向下壓。

正面話語的威力

感受到差異了嗎？

說出負面話語時就無法出力，手會無法抗拒地向下沉。

這證明了「我們在大腦中對自己說的話會立刻影響身體」。當使用正面話語時，大腦的構造也會改變，對情緒也有影響。下一節我將更詳細說明。

正面想像可以改變大腦的神經迴路

話語對我們的大腦會產生極大影響。

說出正面話語時，會形成與幸福感、滿足感相關的神經迴路。

壓制左右人類情緒的扁桃腺，使其避免過度反應，預防大腦留存負面記憶，我們就會覺得安心、充實、滿足。換句話說，正面思考、說出正面話語，腦內的新神經迴路就會想像美好的未來或是幸福的人生。

正面話語對大腦的影響非常有效，這也證明了自我肯定的文章對大腦有良好影響。

正面促進大腦可塑性的方法，除了自我肯定以外，還有視覺印象。

英國蘇格蘭的著名有機化學博士漢密爾頓，曾經獲雜誌讀者票選身心健康類作家第一名。他的著作都根據科學證據寫成，非常優秀且值得信賴。《善良的五大附加效益》（*The 5 Side Effects of Kindness*）非常有名，而其他出版的九本著作中，《大腦能治癒身體》（*How Your Mind Can Heal Your Body*）提到許多腦神經細胞的新變化和再生，可以改善疾病與心靈狀態。

漢密爾頓博士利用視覺化，也就是想像力進行龐大的研究，這本書中也舉出普通人透過視覺化的力量，治療癌症或纖維肌痛症等自我免疫系統異常造成的難治之症。想像自己美好的姿態，博士這麼說：

「一切的思考都會使大腦的運作變化，思考在腦中會留下痕跡，就像我們在沙灘上留下足跡一樣。」

「自我肯定」的最佳楷模

已故的美國自我療癒作家露易絲．賀（Louis Hay）以治癒自己的癌症，成立出版健康及心理學相關書籍的「賀氏書屋」（Hay House）而世界知名，她正是倡導自我肯定的先驅。

順道一提，漢密爾頓博士的書也由賀氏書屋出版。

她經歷過模特兒事業不順、離婚、生病，就在人生最困難的時候，她發現自我肯定的重要性，藉著自我肯定療癒自己。她與醫師配合，改變思考態度，克服了癌症，更出版自我治癒的書籍，幫助別人改善人生。

台灣也有《療癒破碎的心》（*You Can Heal Your Heart*）、《創造生命的奇蹟》（*You Can Heal Your Life*）等書出版。

重複正面話語或表現來自我肯定有顯著的治癒效果。電影《祕密》（*The Secret*）中克服乳癌的女子，她就是一直對自己說「感謝治好了我」，最後眞的克服了乳癌。

為大腦重新編程

視覺化與自我肯定之所以有治療效果，本章開頭說到的「神經可塑性」就是解謎的關鍵。

我在78頁也說明過，當我們思考的時候，大腦的神經細胞神經元會延伸並相互結合。這些神經結合編織出我們的思考或話語、想像，相同的思考或經驗重複愈多，就會愈清晰。

漢密爾頓博士在著作中提到「視覺化可以實際改變大腦細微的構造」「自我肯定也有一樣的效果」，這些都是讓心靈重設的方法。

思考和話語加強腦內的突觸結合，進而改變神經的模式。

無法自我肯定的人總是使用貶低自己的負面話語思考，「我眞沒用」「反正不會順利」，這種腦內神經迴路已經被養粗了。

我的心理療法特徵是針對大腦、潛意識、基因、身體這四個領域。其中在大腦方面，我利用神經可塑性，建立新的正面迴路，使其強化，提升自我肯定。

減少負面的思考迴路，用新建立的正面迴路，讓大腦堅信自己。

這個獨家的方法也運用了視覺化及自我肯定，在本書中設計了許多技巧。你可以利用本書的活動培養習慣，建立正面的神經迴路，使其壯大，就能常保正面積極的言行。

進入正面發展的螺旋，自我肯定就會循著腦科學逐漸提升。

本書將會運用腦科學及心理學，爲你的大腦和心靈安裝通暢的迴路。

第4章

加入腦科學，實踐心靈的更新

大幅提升自我肯定的三步驟

改變心靈步驟1

四個提問發現無意識的「主觀認定」

本章將介紹運用腦科學理論來提升自我肯定的三個步驟。
首先從消除負面思考，讓思維回歸中立開始。

回答下頁「自我更新的四個提問」並寫下備忘。
從那四個提問可以看出你的「主觀認定」。
如果你覺得自己偏見很多，就要多做幾次，每次修改一些。
相信你的自我肯定會一次次大幅提升。

主觀認定藏在潛意識裡，正視這個問題並寫出來，就是覺察的第一步。
雖說人應該真誠面對自己，但我們也不必刻意揭開過去的傷疤。除去偏見，修改潛意識，讓大腦進行新的神經結合，就能提升自我肯定。

想到要面對過去無感的自己，或許會令你不安，但不找出問題或原因，就永遠無法改善什麼。

抓到原因，擺脫過去的束縛，才能放眼未來。未來思考型就是我的療程主軸。

「自我更新的四個提問」

❶ 寫出令你困擾的對象、場景、狀況

例A　覺得自己是膽小鬼，總是怯懦、沒有自信

例B　男朋友不珍惜自己

② 針對以上內容回答下列問題——

問1　你認為以上皆屬實嗎？（請回答是或不是）

是↓到問2　不是↓到問3

問2　你非常肯定以上屬實嗎？

（如果24小時內有一瞬間的猶豫，都屬於「不是」）

問3　當你這麼想時，通常都如何反應？（思考、情緒、反應、行動等）

問4　如果沒有這些想法，你會怎麼改變？

藉著回答這四個提問，我們可以發現潛意識中的主觀認定。

我先說明開頭的A與B兩個例子。

問1「你認爲以上皆屬實嗎？」這個問題是指你自己認知的事實，大部分的人回答都會接到問2「你非常肯定以上屬實嗎？」

然後，你會突然發現「咦，怎麼可能二十四小時都這樣。」舉例來說：

例A 在家裡玩手機遊戲時，我可不膽小。

例B 男朋友最近是有點冷淡，但每天還是會傳簡訊給我。

到了問3「當你這麼想時，通常都怎麼反應？」，例如：

例A 會感覺不安，但不是二十四小時都這樣。

例B 老是疑神疑鬼的很痛苦。但仔細想想，他上班很忙，還記得每天傳簡訊給我，已經很貼心了。

問4是「如果沒有這些想法，你會怎麼改變？」

例A我也是有不膽小的時候，在公司可以大方地對上司或客戶做簡報。

例B想向他說聲謝謝，其實他還是很關心我的。

應該會變成這樣。

經過這四個提問，你發現很多事情並不能以自己的主觀認定一語概括。

如此你就能擺脫它們了。

所謂主觀認定，就是「偏見或固執的思考」。

自我發掘偏見和固執，找出其他例外來消除，人生將會變得很自由。一切就靠這四個提問來解決。

這就是自我更新的魔法問題。

偏見的方向是可以導正的。

爲什麼偏見必須導正呢？

人在一天之內，主動產生負面思考的次數多達六萬次，再加上媒體播放的新聞有九成都是車禍、犯罪、刑事案件、八卦等負面訊息。

爲什麼媒體總是喜歡傳播那些內容呢？因爲他們知道負面訊息最容易吸引觀眾。

如此看來，人都會被負面思考牽著走，即使是照著步驟2修正自我想像，也還是會被負面資訊吸引。所以說，利用這四個提問，先擺脫負面思考，回歸中立、發現問題才是最重要的。

改變心靈步驟2

扭轉負面主觀認定的方法

在第三章曾經提到過的「改變自我印象」，要運用心像法（Visualition）。利用這個方法，將大腦的神經結合由負轉正，並強化迴路。這是腦科學的方法，也可以改寫潛意識，導正主觀認定。

「自我印象的修改」

❶ 閉上眼睛，想像眼前是一個巨大的電影螢幕，你就坐在觀眾席看著螢幕。

❷ 電影即將上演。這部電影是針對你在前一步驟中的問1「寫出令你困擾的對象、場景、狀況」所寫下的情景。

③ 這部電影會——

・暫停在靜止畫面

・從彩色變為黑白

・你發的牢騷或是對方說出的令你不悅的話都用遙控器轉至靜音沒有一點聲音

④ 在螢幕右下方，是你真正希望，或是在前步驟中從問4察覺的感恩情緒，以及在希望改善的未來那個全新的自己登場。

⑤ 大聲說出「Change!」，將呈現在右下方畫面B中你真正想變成的樣子，與畫面A中過去負面的自己交換。

就像在電腦螢幕上移動畫面，將畫面B拖曳到A的位置，B展開成全畫面。

⑥ 播放更換過的影片，用你的五感（視覺、聽覺、觸覺、味覺、嗅覺）好好感受美好的氣氛。

改變心靈步驟3

「未來時光機」加強正面思考

前一步驟成功地修正了你的大腦神經迴路和潛意識。在這個狀態下搭乘未來時光機，強化你的神經迴路。

「未來時光機的使用方法」

1. 回想前步驟的動畫中呈現未來那個變得正面積極的自己。
2. 搭乘時光機。

時光機緩緩漂浮起來，朝向未來出發。

③不久後到達問題已經解決的地方。
你在那裡是什麼心情？
你覺得自己變得如何？
四周是什麼樣的環境？
有沒有人對你說了什麼？
在這裡想像一下未來的自己。

④未來的自己該怎麼做、問題是否解決，你已經知道答案。
試著問未來的自己。
他會給現在的你什麼建議？
不必著急，聽他慢慢說，有些事或許言語無法形容，請他「給一點提示」。腦海中突然浮現的話，可能就是最重要的事。

⑤給未來的自己一個擁抱，與他合而為一，獲得力量。

❻ 如果得到建言或靈感，記得説聲「謝謝，請一直守護我。」然後道別，再度乘上時光機，回到現在。

❼ 得到的忠告，就是你最強的自我肯定。如果沒有得到建言，就可以記住當時的視覺或感覺（溫柔、溫暖）。

❽ 細細回想並複誦獲得的自我肯定建言。沒有獲得話語的人，回想感覺或影像也有效果。

複誦得到的自我肯定建言，再加上回顧看見的影像，看著79頁神經元相互結合的圖，想像大腦中神經連結的狀況。

藉由這個過程，你發現自己的主觀認定，大腦的神經結合與潛意識發生了變化，你的思維就會轉爲正向。提升了自我肯定，日常生活也就愈來愈好。

第5章

讓自我肯定低落的自己獲得釋放的心靈工作

為你增加自信的17種方法

方法1　可立即實踐有效消除不安的療法

蝴蝶式輕觸按摩法

蝴蝶式輕觸法獲得美國心理學會（美國最早成立且規模最大的權威學會，只認定有科學根據的研究成果）及世界衛生組織（WHO）認可，爲創傷治療的有效方法之一。

這個方法應用了EMDR（眼動身心重建法。處理心因創傷記憶的心理療法，藉眼球運動舒緩創傷）及NLP（神經語言規劃，是一九七〇年代美國的約翰．葛瑞德〔John Grindder〕與理查．班德勒〔Richard Bandler〕針對催眠療法、格式塔療法、家族療法等領域的三位學者進行研究所開發的心理療法）。

一九八五年墨西哥大地震與一九八八年颶風災害後，蝴蝶式輕觸療法被廣泛運用撫慰受災者，數據證明受災者的心靈創傷獲得解消，因而在歐美聲名大噪。

心理創傷起因於右腦使情緒激動，而原本抑制激動的左腦卻無法有效運作。這個方法便是藉著修正左右腦的不平衡來撫慰創傷。

無論男女老幼都能立刻做到，不必花錢，也不用工具，非常簡單有效。自我肯定低落的人容易不安，爲了幫助他們平常能隨時抑制不安的情緒，我都會教他們這個方法。

在亞洲，這個方法還不普遍，經常爲自我肯定低落而不安或恐懼的人，眞的應該學會這個技巧。

請參照下頁的插圖，拇指交叉重疊，做出蝴蝶的形狀，所以叫做蝴蝶式輕觸。想要解消不安情緒，與希望安心、多點安全感時的拍法略有不同。

1. 想要解消不安情緒時 → 快速拍打（出力）
2. 希望安心、有安全感 → 慢速拍打（輕柔）

「蝴蝶式輕觸按摩法」

❶ 把焦點放在希望解消的負面情緒或印象。

❷ 大約二十秒鐘，雙手手掌交叉於胸前，有節奏感地交互拍打肩膀。「左右肩膀交互拍打」（不要同時拍打）。

③ 左右腦漸趨平衡，創傷慢慢消失。

④ 深呼吸。

⑤ ①～④的動作重複數次。

⑥ 專注於自己的情緒變化，感覺好像輕鬆不少。

關於拍打的部位，有人說拍胸口容易鎮定下來，也有人說手肘或肩膀下方、膝蓋等部位效果不錯。

雙手拇指交叉，拍打胸口，可以刺激舒緩負面情緒的穴位。

下方的插圖介紹胸口和肩膀兩個部位，請自行拍打感覺舒服的地方。

眼睛閉上與否可依個人感受。

拍打時在腦海中想像美好的事物，或是看著美麗的照片也可以。

晚上就寢前輕柔地拍打，可以增加安心感，也會睡得更熟。

緩速輕拍肩膀下方

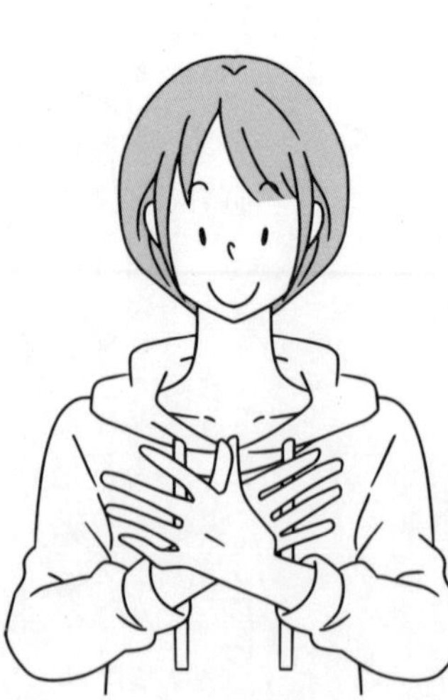

緩速輕拍胸口

方法2

拍打療法（EFT）

穴位拍打消除創傷！

現今已有許多靠自己解決心理不適的最先進心理療法，EFT（Emotional Freedom Technique）就是其中之一。

在我們內心深處，存留在潛意識中的「不安、憤怒、悲傷、恐懼等負能量」停滯體內，因而導致疾病，這項假說發展出最新的療法。

EFT是根據已故的羅傑·卡拉漢（Roger Callahan）博士所開發的穴位心靈療法「TFT思維場療法」（Thought Field Therapy），畢業於史丹福大學的工程師格雷·葛瑞格（Gary Craig）將其改良得更簡易，任何人都可以自行拍打的八個穴位。

目前已證實在地震或恐怖攻擊事件等造成的心理創傷有一定的效果，也用於治療美國退役軍人的「心因性創傷後壓力症候群」（簡稱PTSD）。

此外，據說英國王儲查爾斯王子的妻子．卡蜜拉夫人以及主演電影《修女也瘋狂》的女明星琥碧．戈柏也曾借助EFT克服了飛行恐懼症。

我是日本TFT協會的正會員，合格的TFT中級治療師（可進行診斷），也是EFT訓練師。除了正式學習過本家（Roger Callaban Technic）所謂能量心理學的最先進拍打療法，同時也具備EFT的講師資格（可以培訓EFT治療師）。

「拍打療法」

① 專注於感覺不安、恐懼、悲傷的場景，盡可能回想。將這種情緒依程

度打0—10分。以現在的情緒為準，感覺愈難過的分數愈高。最糟糕是10分，幾乎感覺不到則是0分。

❷ 接著確認小指側邊到手腕部位的正中央穴位，稱為手刀點（空手道手刀姿勢的手掌側劈擊點）。

雙手手刀交叉互相敲打15次。

❸ 食指與中指從Ⓐ頭頂到Ⓗ腋下10公分依序輕輕敲打各穴位5次。左右不拘（僅單手進行）。

Ⓑ眉頭、Ⓒ眼尾、Ⓓ眼睛下方、Ⓖ鎖骨附近、Ⓗ腋下，不必兩邊都敲打，只選擇一邊敲打即可。

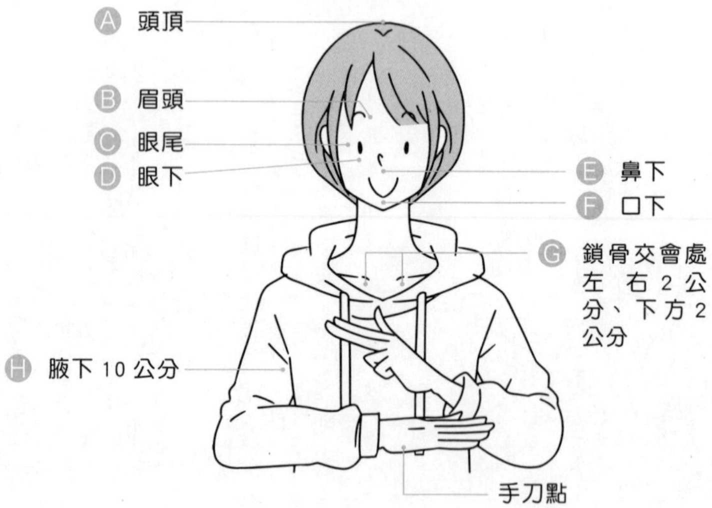

④ 再重複做一次③。

⑤ 深呼吸，喝一杯礦泉水。

⑥ 回頭看①的情緒分數，再評分一次。

分數應該會降低一些。

如果沒有變化，從①再做一次。

這個方法對舒緩創傷非常有效，我親身經歷過恐慌症，好幾次發作都是這樣才平靜下來。

記熟拍打穴位一點也不難，心情不好時可以多做幾次，還可以修正自律神經失調的問題。

這個方法主要在於調整能量，身體需要足夠的水分。療程之後喝一瓶五百毫升的礦泉水吧。

方法3

釋放情緒

放下囤積的憤怒或悲傷

我們都會有自我肯定低落、不敢說出自己的意見，憤怒、悲傷全部往肚裡吞，有苦難言的時候。這個方法會可以有效改善。用身體去感受情緒的釋放。

「釋放情緒的方法」

事先準備——靠枕或一枝筆

在安靜且獨處的空間

❶ 專注於想擺脫的情緒後，緊抱靠枕，告訴自己「這股情緒是我自己製造的」。

情緒和思考都是你自己心裡產生的，緊抱靠枕說出來，真切地感受這股情緒。

❷ 向自己提問「這股情緒是要繼續下去？還是想擺脫？」

如果「想擺脫」，就把緊抱的靠枕拿開。這時，想像心中的情緒與靠枕一離開自己的身體。

也可以用筆代替。「想擺脱這股情緒嗎？」若回答「是」，就下定決心「選擇放棄」，將筆丟在地上。這樣比説出來還要有效。

這時也要想像心中的情緒一起掉到地上。

方法 4　保護敏感的你

光芒屏障法

自我肯定低落時，對方的言語或細微的舉止都會讓敏感的你感覺受傷。光芒屏障法是非常有效的自我防護。

方法很簡單。

「光芒屏障法」

❶ 上班，或是與人會面、走進人群前進行。

② 閉上眼睛，想像金黃色的光芒。

③ 想像自己的身體包在光芒中，毫無縫隙，像是融入一顆金色光芒的球體裡。

④ 堅定相信這顆黃金的能量球可以為我屏蔽一切傷害。

⑤ 放聲說「我受到完全的保護！」「任何負面的話語都無法穿透這團光芒！」

光芒屏障法很簡單，效果也相當好。

方法5

自我放大法

產生強大的自信

自我肯定低落時，言行舉止都沒有自信。

想說也不敢說，一直壓抑自己……回到家才懊惱，當時爲什麼不說出來。

試著「自我放大」應該會很有效。

想像放大自己，其他人就變得渺小而微不足道。

簡報時不敢發言，總是被交往對象影響的你，想要更進一步擁有自信，這是非常有效的方法。

「自我放大法」

1. 閉上眼睛，想像自己的身體就像超人力霸王（Ultraman）那樣一直變大。超人力霸王變身的時候，人類隊員的身體也會一直變大，就是要想像那種感覺。
2. 你要比討厭的上司或部下、家人、朋友或情人更大。
3. 你已經變得像東京鐵塔那樣巨大，那些人都在你的腳下，因為你的高度離他們太遠，完全聽不到他們在說些什麼，所以那些負面的話都傷害不到你（就像大象被螞蟻咬一口也不痛不癢）。

感受這樣的自信，再睜開眼睛。

方法6 不再被別人左右

站穩腳步法

自我肯定低落的人容易受別人影響，凡事迎合的結果就是自己疲累不堪。

每天上班前留一點時間利用這個方法，確認自己穩固地站在地球上，讓思緒通透，「堅定信念絕不動搖」，就不會再受別人言行的影響。

「Centering」指的是貫通身體中心的主軸。

「Grounding」則是穩固身體的重心。

通過縱軸穩定重心，可以大幅提升「心靈的安定」。

想像自己站在地球上向下扎根，安定感將不再動搖。

「Centering & Grounding法」

慢慢坐到椅子上，也可以用坐墊、床墊、瑜珈墊，頭向上抬高。

❶ 全身出力，大大吐一口氣，同時放鬆全身的肌肉。進行4次。

❷ 以腹式呼吸將空氣吸入丹田。

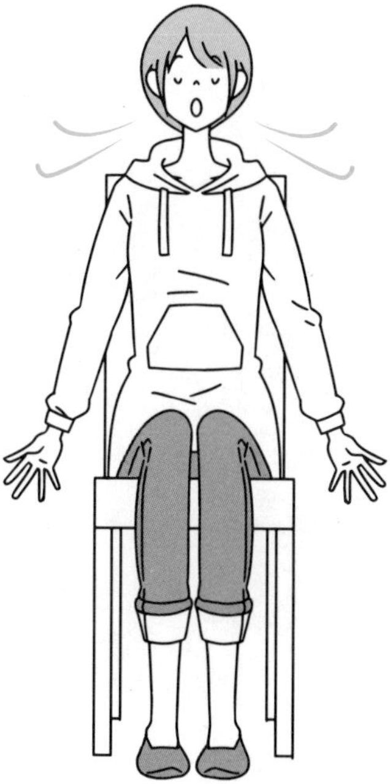

③ 接著像是含著吸管，嘴唇縮圓細細地吐氣（10～15秒）。②～③的呼吸法進行20次。

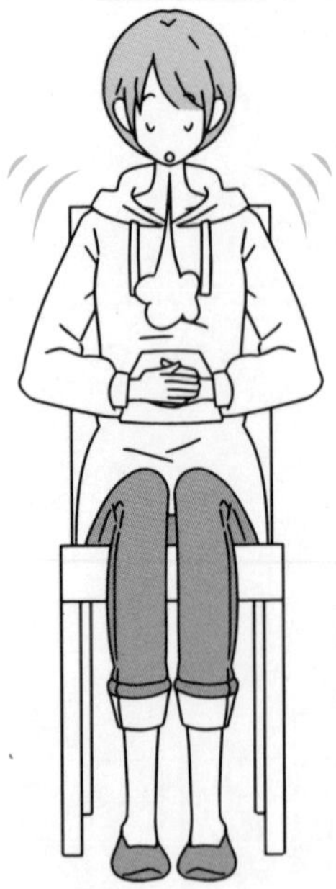

④ 接下來想像。從尾骨延伸出紅藍兩色的能量線往地球中心扎根。

⑤ 這時要確實感受自己與地球連接在一起。

⑥ 負面情緒透過藍線還給地球（地球中心有炙熱的岩漿，負面情緒會燃燒殆盡）。

⑦ 再來是透過紅線讓地球的生命力湧入你的體內，想像自己包圍在愛的能量裡。

將手摀在心臟部位，感受溫暖。

你會覺得平穩安詳。

全身都感受到愉悅、被愛護。

方法7

逃出自卑的負面螺旋

不與他人比較法

自卑感之所以會表現出來，是因爲自己凡事都與別人比較，導致愈來愈自卑，陷入負面螺旋。

例如，兩個人畢業的大學等級相當，成績也不相上下，又在同時期進入規模相等的公司，朋友卻比自己早升遷，找到更好的對象結婚，年薪又高很多，而自己卻「連女朋友都沒有……」的時候，的確會很沮喪。

一定要記得，與人比較就是不幸的開始。狗無法變成貓，向日葵也不會變成櫻花。

你一定有屬於自己的優點、個性・特色，這塊原石需要好好打磨。

要知道與別人比較的壞處實在太多，看那些在臉書或 Instagram 炫耀「現實生活美滿」、滿載豪奢的華麗照片，你就會發現自己的悲觀毫無意義。

「停止比較思維的「STOP!」法」

1. 意識到自己在跟別人比較時，就在心裡喊一聲「STOP!」，讓比較思維暫停一下。
2. 不與別人比較，你才能感受自己的快樂。下定決心不再與人比較，心靈就會平靜。

方法8

適用於情緒低落時

內心聲音切換法

自我肯定低落時，芝麻綠豆大的事也能令你沮喪，感覺自己沒出息，心情和行爲都變得消極。

這時，切換內心的聲音可以有效改善情緒。

「牢騷切換法」

❶ 想像不安、沮喪、痛苦的時候。你內心都在說些什麼呢？

是不是「我完蛋了」「我真是沒用……」「肯定要挨罵了」「沒辦法了，

我做不到」這些？

2 這些狀況，你能說什麼為自己打氣？

「沒問題！」「我做得到！」「我一定能克服！」

3 在心中對自己多説幾次，負面消極的心就會切換成正面積極，你可以從內心的聲音得到力量。

平時可以收集一些自己喜歡的話語、鼓勵自己打起精神的詞句。

在網路或書籍收集克服萬難的偉人說過哪些名言或格言，都可以派上用場。

將內心的聲音變成力量，積極地面對人生。

方法9

帶來幸福的「魔法口頭禪」

負面思考瞬間轉為正面

反正一定做不好。
反正沒有人期待我。
反正我就是沒用。
反正沒有人喜歡我。
反正我賺不了錢。

這些否定自我的詞句總是自動湧現。這在心理學稱爲自動思考。

接在「反正」這個詞之後的話，像是前提事項，讓我們認爲那是理所當然。

那麼，我們就反過來利用這種力量。

這個方法稱爲「幸福的口頭禪公式」，可以將負面思考自動轉換成正面。

「魔法口頭禪」

公式是「反正」＋「正向詞句」。

❶ 腦海中浮現「反正」後，如果接著負面詞句，

❷ 就強行將負面的部分轉為正面詞句。

❸ 「反正一定做不好」變成「反正一定順利！」

反正大家一定很期待。

反正我很棒。

反正大家都愛我。

反正我會賺大錢。

像這樣，「反正」要搭配前提事項，之後接上正面詞句，思維就自動切換了。

請務必要試試看。

方法10

鏡子讚美療法

自我讚美提升自信

自我肯定度高的人受到讚美時，會很直率地感覺愉悅，也更提升自信。

而自我肯定度低的人，大多不習慣被讚美，甚至有人記憶中根本沒有被讚美過。那就練習讚美自己，從學習接受讚美的詞句開始吧。

自我肯定低落的人一遇到事情，就會一直貶低自己，陷入「自我霸凌的狀態」。這叫做「嫌自己沒用症候群」。

這個狀態會讓自我印象一直低迷下去，最後完全失去自信。

想想看你最好的同伴是誰？

就是你自己。如果連你都只會責備自己，那就一個朋友都沒有了，這實在很痛苦。你可以練習以下方法。

「鏡子讚美法」

❶ 對著鏡子，找出自己臉上最喜歡的部位，凝視片刻。對鏡中的自己讚美這個部位。

不是面貌也無妨，可以讚美裝飾品。

（例）

・手上的戒指很有品味。

・身上的衣服很適合自己，很有型！

再讚美自己身上其他喜歡的部位。

（例）

・唇形真好看。

・髮型很帥。

・眼睛炯炯有神！

・腿好長好帥。

・笑容真迷人！

當我們覺得一無是處時，要告訴自己「沒這回事！」，訓練自己接受讚美。讚美要大聲說出來，激勵會更有效。

② 接著回想自己過去曾經聽過的讚美、成功的事蹟、曾經發揮的功能。小事也無妨。再次讚美鏡中的自己。

（例）

・小時候，媽媽曾經誇我畫圖很棒，還得了獎呢，真棒。

・最喜歡的社會科考試考了好成績，很厲害喔。
・客戶滿心喜悅地對我道謝，好開心。
・客戶說專程為了我來，真是太感謝了。
・朋友找我傾訴心情，還再三言謝。真是太好了。

③ 然後對著鏡中的自己說：「所以不管現在或以後，我是被大家愛著的。」

你的價值除了工作成果得到讚許，還要培養被愛的感覺。

①～③要盡量一口氣進行。中斷的話，情緒必須重新培養，否則無法合理進行。

你是自己最重要的朋友。鏡中的你就是你的潛意識。所以要利用鏡子對潛意識灌輸正面思維，一定要記得這個重點。

方法11

人際關係困擾的3分類法

心情會頓時輕鬆

世上最讓人感受壓力、煩惱最多的就是人際關係。

上司總是看我不順眼……

孩子如果能聽話，哪怕只是一點點……

伴侶如果能改掉○○和○○（缺點）就好了……

——因爲無法控制對方而感覺壓力的人很多。

喜怒哀樂都取決於自己無法控制的事，其實只是徒增疲勞。

將人際關係的煩惱用以下的模式來思考，應該會輕鬆許多。

▼心態的模式

（1）親自出馬就可以解決的煩惱

（2）自己無法解決，但可以拜託別人幫忙解決

（3）自己和他人都無法解決（正確來說，試過（1）（2）都沒辦法時）

至少將分類到（1）（2）的事，自己處理或請別人幫忙，把它解決了吧。

「伴侶的缺點實在很傷腦筋」「跟上司不對盤，根本無法溝通」等問題，也先嘗試以（1）或（2）的心態面對。

以下我舉幾個容易理解的例子。

（1）親自出馬就可以解決的煩惱

試著與伴侶好好溝通。

與上司約個時間聊聊。

——如果看起來自己就能解決，積極地嘗試看看吧。

（2）自己無法解決，但可以拜託別人幫忙解決

關於伴侶的缺點，再怎麼聊都沒有交集，可以找朋友或戀愛諮詢等第三者商量。與上司溝通不良的問題，也可以考慮乾脆尋求人事調動。

（3）自己和他人都無法解決（正確來說，試過（1）（2）都沒辦法時）

嘗試過（1）（2），還是發現人各有根深柢固的價值觀，任誰都使不上力，只好面對現實。

「心態的模式分類」

❶ 不要只在腦中思考煩惱，將它寫在紙上。（只是思考，會不知道自己到底有多煩惱）

❷ 判斷自己的煩惱屬於哪種模式。

❸ 從①②思考自己做得到的一切方法，若實行之後也不見改善的話，看是要放棄，或者暫時擱置。

方法12 求助練習

改善羞於求助的你

許多人都獨自承受痛苦。

有的是凡事都想自己解決，也有人總是限制自己「我不能～」。人不可能時時堅強，永遠都像個英雄。有的時候必須有人可以依靠、商量，培養勇於說出「請幫助我」的能力，才能保護自己和最重要的人。

在把自己逼到絕境、獨自承受、痛苦不堪之前，要懂得心疼自己，讓自己有機會喘口氣。

坦承自己的脆弱，過去不曾有過的行爲模式與思考模式才有機會產生，也才能釋放心靈。

許多人不懂怎麼依靠別人，獨處的時候練習說出「請幫助我」，你才會了解自己的心思動向，原來已經累積了這麼多壓力和煩惱，把這些苦水都傾吐出來。

這個練習可以讓獨自承受煩惱的你變得輕鬆自在。

「求助練習」

❶ 站在鏡子前面。

❷ 想像自己熟悉或是實際願意提供幫助的人，也可以是名人，例如自己的偶像或尊敬的人。決定一個求救的對象，將鏡中的自己想像成那個人。

❸ 「〇〇〇先生，請你幫助我」，叫他的名字，說出你的請求。

❹ 就讓情緒飽滿，不要壓抑，全部傾吐出來。

方法13

「不寄出的信」

難過時如此抒發心情

苦於自我肯定低落的人，總是不知該如何對別人傳達自己的煩惱，也不敢尋求幫忙。

這時，我會建議寫一封不寄出去的信。

我們的大腦每天轉呀轉的思考各種事，最後卻愈來愈不知道哪些事重要、有哪些煩惱。寫下來才能整理腦中的思緒。

部下、上司、父母、朋友、情人、伴侶、孩子同學的父母……都可以是收信人。

有時候太顧慮對象，反而寫不出來，記得這封信其實並沒有要寄出去。

寫這封信的目的只是要降低自己抒發心情的門檻而已。

「不寄出去的信」

1. 準備筆和信紙。
2. 把煩惱的事或是想傳達給對方的心思寫下，想到什麼就寫什麼，不必在意錯字或詞句通順，儘管寫出來。
3. 把想要傾吐的事都寫完後，收信人的姓名也要確實寫出來。
4. 然後把寫好的信撕碎，或是燒掉。

方法14

替身機器人療法

心情和身體都會變輕鬆

這是我在講座或演講時會請現場來賓嘗試的方法，許多人都確實感覺自己的重擔變輕了。

《多啦A夢》的作者藤子．F．不二雄先生有另一部作品《小超人帕門》，劇中有一個經常會出現的替身機器人，鼻子的部分是紅色，只要有人按它的鼻子，它就會變成那人的樣子。

這個療法就是模仿按機器人鼻子的動作，製造兩、三個替身。

實際上，我們會請一起來參加講座的來賓朋友或是父母、兄弟飾演機器人。替身機器人就是自己的替身，無論對方是父母或親人，練習時都是替身。

不知道該怎麼依靠別人，希望對方幫忙負擔、分散自己的煩惱，藉著這個練習可以實際感受卸下包袱的輕鬆。

「替身機器人療法」

❶ 兩手拿著沉重的包袱。

❷ 想像自己的替身。請協助者站在你面前，按他的鼻子，他就要模仿你的所有動作。

❸ 「我一個人承受不了，請幫我拿這個包袱」，然後把包袱遞給自己的替身。

④ 感受自己頓時輕鬆起來。

利用替身機器人，原本不好意思拜託別人的事，因爲是自己的替身……心裡的排斥感就會降低許多。

習慣這個練習後，就可以不必想像替身機器人，實際拜託別人「幫我拿（分擔）一下」。

此外，你以爲這個方法無法一個人練習，以下是單人的做法。

「替身法　單人應用練習」

① 準備沉重的包袱，兩手拿著。

❷ 想像眼前有自己的替身，對他說「幫我拿」，然後將兩手的包袱慢慢放到地上。重點是想像對方將你的包袱接過去。

❸ 最後，好好感受一下身上再也沒有包袱的輕鬆與自由，手腳再也沒有束縛，獲得解放。

潛意識會確實記憶這種放下包袱的感覺，每次練習身心都會頓時輕鬆，漸漸就知道該怎麼依靠別人了。

依靠別人並不是壞事，如果你因爲自我肯定的低落，任何苦水都往肚裡吞，這個練習會讓你實際感受自我肯定的提升。

方法15
前所未有的發現

「上帝的視線」

「失敗」這個字眼在心理學界並不常見。

所謂失敗，是指事物進行不順利，自己所描繪的結果、未來、成績不如預期時，就會留下後悔、遺憾。

每個人都會遇到人際關係不好、工作不順利的問題，但如果站到高處（上帝的視線），就可以看出這並不是失敗，只不過「一件個案」而已。

例如，原來的目標是A地點，卻只能走到B地點，你可能覺得這就是失敗了。

但是，當你發現B地點可以看到A地點絕對看不到的景色，利用新的經驗和發現，採取了新的行動，得到的結果或許還遠勝於原先想像在A地點的成功。

失敗就是轉機的道理。

沒有失敗，只是發生一種反應。

不是失敗，只是單純一個事件。

——站在高處，一切事物都和過去的理解不同了。這在心理學叫做消除心理盲點。

失敗根本不存在。

將我們的視點放到上帝的位置，你將會發現過去不曾見過的機會。

從「上帝的視線」俯瞰

❶ 想像自己與對方的位置。

② 自己站的地方是X，對方站的地方是Y。

③ 想像自己靈魂出竅，飛到Y的對方體內。

④ 這時你好像能理解Y那邊的思考或立場、煩惱。

⑤ 要變成上帝的視點必須到第三者Z的位置。從地面上的XY上升到空中。

從上空的Z看下去，可以冷靜客觀地看待自己和對方。俯瞰XY，將會產生不同的觀點和思維。你突然發現，原來不用這樣煩惱……心情放鬆下來，萌生新的想法或是找到解決問題的方法。

方法16

幫助害怕被討厭的你

343法則

自我肯定低落的你，
希望上司認可你的能力。
希望在情人眼裡很迷人。
希望得到伴侶和孩子的完全信任。
——是不是希望身邊所有人都喜歡你？

自我肯定低落的人因爲沒有自信，總是害怕被別人討厭。爲了討喜，事事看人臉色，迎合卑躬讓自己疲累不堪。

逼自己認眞工作。

必須當一個全心全意照顧孩子的好父母。

一定要讓大家都滿意。

必須得到所有人的愛。

——這些「應該思維」一直束縛著自己。

你正在勉強自己。

有一種思維可以幫助你舒緩這樣的緊繃。

「343法則」。

這個法則常見於企業的營業活動，心理學界已證實其效果。

3個喜歡你的人

4個對你不喜歡也不討厭的人

3個不喜歡你的人

換句話說，十個人當中，有七個人可能不喜歡你，或是不喜歡也不討厭。

我舉一個例子，我們都看過雜誌上刊登最喜歡藝人的投票結果。名列最喜歡藝人與最希望擁抱的藝人前十名的A，也出現在最討厭藝人及最不想被擁抱藝人排行榜前十名。

是不是匪夷所思？

343法則就可以解釋這個情形。萬人迷其實是一種幻想。

看破這一點，心情就輕鬆多了。阿德勒的心理學暢銷書《被討厭的勇氣》告訴我們，要有被討厭的勇氣，才能在挫折時保護自己。

我的想法比較極端，假設日本總人口有一億人（實際可能超過，但這只是為方便理解），即使被九千九百九十九萬九千九百九十八人討厭，我也無所謂。

我只需要有一個可以由衷信任，能夠肆意傾吐的好朋友就夠了。
重要的是好好珍惜離你最近、最愛你、最保護你的人。

知道有人批評你或討厭你，盡量不要放在心上，隨他去。這些人不值得我們花時間和力氣去關注。
因爲人生畢竟有限，你的生命和時間也有限。

誰都想成爲萬人迷，要知道那是不可能的。
看透一切，有被討厭的勇氣，你的心靈才能解放。
不被接受也無妨。
不是萬人迷沒關係。
這很正常。
這就是法則。

我們沒有必要勉強自己疲於奔命。

一定要好好愛惜自己。

「343法則」的使用方法

當你為人際關係煩惱，太在意別人是否喜歡你，心情煩悶時，試著想想這個343法則。

3個喜歡你的人
4個對你不喜歡也不討厭的人
3個不喜歡你的人

你的心情就會變得很輕鬆。

方法17

黃色椅子

任何情緒都能瞬間開朗

自我肯定低落的人，心情經常是負面的。

事先設定「開朗」「愉快」「溫柔」等情緒，這個方法可以隨時隨地讓我們的心情馬上切換到正面積極。

運用想像力，試試這個非常有效的心理療法。

「黃色椅子練習」

1. 決定一種自己想要的正面情緒。

❷回想過去曾經有過這種情緒的場景。這時要設定「愉快的心情」。

❸想像愉快的心情時，腦海中浮現什麼顏色呢？應該是明亮的黃色。

❹想像眼前有一張明亮黃色的椅子。

❺回憶過去種種，曾有過的愉快心情，如果有不開心的事，就坐到椅子上。

❻感受愉悅，想像自己就坐在黃色椅子上。

❼離開椅子，深呼吸，重新設定心情。

❽④～⑦反覆三次。

⑨想像只有一張黃色椅子，還有坐在椅子上的自己。
如果馬上就感覺愉悅，表示大腦的迴路已經切換完成。只要想像坐在黃色椅子上，心情就會馬上變好。

這次是想像「愉快」的黃色椅子，如果心情已經可以切換自如，下次就改成「溫柔」的粉紅色椅子。

新的迴路只要在大腦中形成，就能瞬間輕易切換情緒。對自我肯定低落或經常感覺不安的人，是非常有效的方法。

雖然已經介紹許多練習，但並不是全部都要實行。

依照自己的步調，慢慢地嘗試使自己心情變好、變愉快的方法。你一定會找到自信。

結語

你是無可取代的存在

不管你現在幾歲，都可以隨時改變自我肯定。

我也是經歷過恐慌症及憂鬱症才知道這些。

我自己被「主觀認定」束縛，度過好長一段艱難的時光。

因爲自我肯定低落，想說的話不敢說，對部下也無法做出指示。結果，自己扛下所有責任，精神幾乎崩潰。

現在的我，藉著學習和實踐心理學，堅持「I'm OK. You're OK.」的態度，不再壓抑自己，確實傳達自己的意見。

曾經有像我這樣壓抑到精神崩潰的人，已經二十幾歲，還是成功地提升了自我肯定，所以無論幾歲都不算遲。

我的客戶年齡層從十幾歲到七十幾歲都有，他們可以爲效果做見證。

正在讀這本書的你，或許還不到精神疾病這麼嚴重，不過，如果你因爲太在意別人而壓抑自己，相信本書可以幫助你。

疼惜自己，才能把握人生。

懂得愛自己，心靈充實了，還可以把愛分享給別人，理解別人的痛苦，成爲溫柔又堅強的人。

美國的演說家梅蘭妮．羅賓森（Melanie Robbins）曾說：「我們每一個人誕生在世上的機率是「四百兆分之一」」。

科學家運用專業，計算出每個人誕生的機率，得到的結果竟是這樣的天文數字。

所謂「不幸的人」，根本連出生的機會都沒有。我總是這樣對客戶說。

而你現在就存在這奇蹟般的機率中。

或許，讀到這本書也是一個奇蹟。

近年熱門的暢銷書《被討厭的勇氣》讓我們開始關注心理學，追求快樂生活。

《被討厭的勇氣》所談的阿德勒心理學告訴我們：

「提升自我肯定就是幸福人生的關鍵」。

德國文學家、諾貝爾文學獎得主赫塞說過一句話，我非常喜歡：

「人生的義務，只有一件事，那就是要幸福。」

爲了使你在今後的人生中得到幸福，我寫了這本書。
好好疼愛自己。因爲你就是自己最大的啦啦隊。
如果上帝能幫我實現一個奇蹟：「送一個禮物給當時的我」，我要送這本書給孩童時代的我。

我、你、甚至這個世界都不完美。
世上根本沒有完美的人。
不必特意關注不完美，也不必覺得討厭，不完美也是我們自己重要的一部分。人不必完美、完整，請溫柔地擁抱這個不完美的自己。
不完美也可以得到愛。
看完這本書，如果你能體會自己是這美好世界唯一、無可取代的存在，我便感到很欣慰。

正陷在愁苦中的你絕不孤單。

當你讀這本書，我就在你的身邊，爲你加油。

祝福你從今天開始，帶著自信活出光彩。從此幸福美滿。

期待與你相會的一天。

寫於二〇一九年　令和元年新時代的初夏

於大分市書齋　彌永英晃

國家圖書館出版品預行編目(CIP)資料

腦科學X心理學的自我肯定法：處理隱形創傷，能接受別人的付出，開始喜歡自己 / 彌永英晃著；葉昭儀譯. -- 初版. -- 新北市：木馬文化出版：遠足文化發行，2020.08
面； 公分
譯自：「脳科学×心理学」で自己肯定感を高める方法
ISBN 978-986-359-824-4(平裝)
1.心理創傷 2.心理治療 3.自我肯定
178.8　　109010727

腦科學 × 心理學的自我肯定法

處理隱形創傷，能接受別人的付出，開始喜歡自己

「脳科学×心理学」で自己肯定感を高める方法

作者　彌永英晃
譯者　蔡昭儀

社長　陳蕙慧
副總編輯　戴偉傑
責任編輯　翁仲琪
封面設計　謝佳穎
內文排版　兩棵酸梅
行銷企劃　陳雅雯、尹子麟、余一霞、洪啓軒

讀書共和國集團社長　郭重興
發行人兼出版總監　曾大福
出版　木馬文化事業股份有限公司
發行　遠足文化事業股份有限公司
地址　231 新北市新店區民權路 108-4 號 8 樓
電話　02-2218-1417
傳真　02-8667-1065
E-Mail　service@bookrep.com.tw
郵撥帳號　19588272 木馬文化事業股份有限公司
客服專線　0800-221-029
法律顧問　華陽國際專利商標事務所 蘇文生律師
印刷　前進彩藝有限公司
初版　2020 年 8 月

定價　300 元
ISBN　978-986-359-824-4